PETIT ALPHABET
DE LA SOCIÉTÉ
DES DICTIONNAIRES.

PRIX 2 sous broché et 3 sous cartonné.

A PARIS,
AU BUREAU CENTRAL DES DICTIONNAIRES,
rue des Filles-Saint-Thomas, 5;

DANS LES DÉPARTEMENTS,
Chez tous les correspondants et sous-correspondants de la Société,
Et chez les principaux libraires de France et de l'Etranger

PRINCIPES DE LECTURE.

ALPHABET.

Lettres capitales.

A B C D E
F G H I J K
L M N O P
Q R S T U
V X Y Z Æ
OE W.

Lettres capitales.

ABCDEFGHI
JKLMNOPQR
STUVXYZÆ
OE W.

ABCDEFGHIJKLM
NOPQRSTUVXYZÆ
OE W.

Lettres italiques.

*A a b c d e f g h i j
k l m n o p q r s t u
v x y z æ œ w.*

PREMIER EXERCICE.

Sons simples ou voyelles simples.

a, e, i, o, u.

Voyelles accentuées.

Accent circonflexe (^)
Accent grave   (`)
Accent aigu   (′)
Tréma   (¨)

â ê î ô û

à è ì ò ù

é ë ï ü

6

A a *a*
a-mi.

Â â *â*
â-ne.

E e *e*
me-su-re.

É é *é*
mé-ri-té.

È è *è*
mè-re.

Ê ê *ê*
mé-ler.

I i *i*
mi-di.

Y y *y*
sy-co-mo-re.

O o *o*
po-li.

Ô ô *ô*
pô-le.

U u *u*
bu-tin.

Û û *û*
bû-che.

⟨·※·⟩

DEUXIÈME EXERCICE.

Articulations ou consonnes simples.

**b c d f g h j k l m n p
q r s t v x z.**

B b	**F f**
*b*om-*b*e.	gi-ra-*f*e.
C c	**L l**
*c*a-*c*o-pho-nie.	u-ti-*l*e.
G g	**M m**
fi-*g*ue.	*m*a-da-*m*e.
D d	**S s**
li-qui-*d*e.	dan-*s*e.

K k
pé-*k*in.

V v
vi-van-diè-rè.

P p
pi-*pe*.

R r
au-*ro*-*re*.

Q q
que.

N n
trô-*ne*.

J j
je.

X x
fi-*xe*.

T t
ten-*te*.

Z z
bron-*ze*.

Articulations variables.

C *comme* S, *devant* e, i, y :
ce-ci, ci-té, cy-gne.

Ç *comme* S, *devant* a, o, u :
fa-ça-de, fa-çon, re-çu.

G *comme* j, *devant* e, i, y :
ju-ge, rou-gi, É-gyp-te.

GE *comme* **j**, *devant* a, o, u, au, oi :
il ran-*gea*, pi-*geon*, ga-*geu*-re, rou-*geaud*, man-*geoi*-re.

T *comme* **S**, *devant* ion, ieux, ient, ial :
na-*tion*, mi-nu-*tieux*, pa-*tient*, mar-*tial*.

S *comme* **Z**, *entre deux voyelles :*
ru-*sé*, dé-*sir*, re-po-*soir*, ro-*se*.

X *comme* **gs**,   **X** *comme* **Z**,
e-*xem*-ple.   di-*xiè*-me.

H *muette*,   **H** *aspirée*,
l'*ho*-mme.   le *ha*-nne-ton.

TROISIÈME EXERCICE.

Sons composés ou diphthongues.

æ, œ, ai, au, ei, eu, ay.

ia   **ié**   **io**   **oi**
dia-ble.   a-mi-*tié*.   *pio*-che.   *roi*.

ieu   **ian**   **ien**   **ion**
dieu.   *vian*-de.   *bien.*   p*ion.*

oin   **oui**   **ui**   **uin**
f*oin.*   *oui.*   l*ui.*   j*uin.*

Sons composés dans la forme seulement.

ch   **ph**   **ill**   **gn**   **eu**   **ou**
fran-*che*. *Phi*-li-ppe. fi-*lle*. bor-*gne*. ne-*veu*. hi-b*ou*.

ie   **ue**   **an**   **in**   **on**   **un**
p*ie*.   r*ue*.   ma-m*an*.   la-p*in*.   sa-v*on*.   cha-*cun*.

Sons simples précédés d'une articulation simple.

ba   **be**   **bé**   **bè**   **bê**
ba-lan-ce. *be*-so-gne. *bé*-nir. *bè*-gue. *bê*-te.

bi   **bo**   **bu**   **bâ**   **bû**
bi-jou. *bo*-bi-ne. *bu*-se. *bâ*-ton. *bû*-che.

pe   **pé**   **pè**   **pê**   **pi**
pe-sant. *pé*-ché. *pè*-re. *pê*-che. *pi*-lon.

11.

po   **pu**   **pâ**   **pa**   **py**
po-li.   *pu*-pi-lle.   *pâ*-mer.   *pa*-pa.   *py*-ro-gue.

ce   **cé**   **cè**   **cê**   **ci**
ce-lui.   *cé*-ler.   *cè*-dre.   *cê*-ne.   *ci*-ment.

cy   **co**   **ca**   **cu**   **câ**
cy-près.   *co*-co.   *ca*-non.   *cu*-ba.   *câ*-ble.

ka   **ki**   **ky**   **ko**   **qui**   **que**
mo-*ka*.   *ki*-lo-gram-me.   *ky*-ri-e-lle.   *ko*-ran.   *qui*.   *que*.

jo   **ju**   **ja**   **je**   **jé**
jo-li.   *ju*-pon.   *ja*-mais.   *je*-ter.   *Jé*-sus.

di   **do**   **dy**   **du**   **de**
di-re.   a-*do*-rer.   *dy*-na-stie.   *du*-pe.   din-*de*.

da   **dé**   **dê**   **dè**   **dô**
da-me.   *dé*-mon.   di-a-*dê*-me.   mo-*dè*-le.   *dô*-me.

ta   **ti**   **to**   **ty**   **tu**
ta-pa-ge.   par-*ti*.   *to*-tal.   *ty*-ran.   *tu*-teur.

te   **tâ**   **té**   **tô**   **tê**
con-*te*.   *tâ*-che.   vé-ri-*té*.   *tô*-le.   *tê*-te.

fu	fâ	fe	fa	fé
u-mée.	in-*fâ*-me.	*fe*-nê-tre.	*fa*-tal.	ca-*fé*.
fè	fê	fi	fo	va
fè-ve.	*fê*-te.	*fi*-ler.	*fo*-lie.	*va*-ni-té.
vo	vi	vu	ve	vé
vo-leur.	*vi*-ce.	pour-*vu*.	*ve*-nir.	*vé*-ri-té.
vê	le	la	lé	lè
vê-pres.	*le*-çon.	*la*-me.	*lé*-ger.	é-*lè*-ve.
lo	li	ly	lu	lâ
lo-ge.	*li*-re.	*ly*-re.	*lu*-mi-è-re.	*lâ*-che.
re	ri	ro	ry	ru
re-di-*re*.	*ri*-deau.	*ro*-se.	Be-*rry*.	*ru*-mi-ner.
râ	ra	ré	rê	rô
râ-le.	*ra*-ce.	ju-*ré*.	*rê*-ve.	*rô*-le.
me	mé	mè	mê	mi
me-ner.	*mé*-ri-te.	*mè*-re.	*mê*-me.	*mi*-roir.
mo	my	mu	mâ	ma
mo-tif.	*my*-ri-a-de.	*mu*-tin.	*mâ*-cher.	*ma*-man.

nè   ni   no   nu   ne
nè-fle.   ni-che.   no-ce.   nu-mé-ro.   ne-veu.

na   né   su   sa   se
na-tu-re.   né-ant.   su-per-be.   sa-pa-jou.   se-rin.

sé   sè   si   so   sy
sé-rie.   sè-vres.   si-ci-le.   so-le.   sy-no-de.

zè   zo   zé   zu   ze
zè-bre.   zo-ï-de.   zé-ro.   zu-rich.   ga-ze.

zi   za   zy   xa   xé
zi-za-nie.   za-ha-ra.   a-zy-me.   il-fi-xa.   fi-xé.

cha   che   châ   ché   chè
cha-pe-lle.   che-min.   châ-ti-ment.   ché-ru-bin.   chè-vre

chi   chê   cho   chu   chy
chi-que.   chê-ne.   cho-se.   chu-te.   chy-le.

phi   phe   pha   pho   phé
phi-lo-so-   phe.   pha-ra-on.   pho-que.   phé-ni-cie.

phè   phy   gna   gné   gno
pro-phè-te.   phy-si-que.   i-gna-re.   ro-gné.   i-gno-ble.

veu   dou   rue   tie   tan
ne-*veu*. *dou*-ce.   *rue*.   hos-*tie*. *tan*-te.
tin   ron
la-*tin*. *ron*-de.

QUATRIÈME EXERCICE.

Voyelles et consonnes simples sans exemple.

Voyelles et consonnes composées sans exemple.

ab, il, or, ut, ed, af,
el, op, us, al, ep, ir,
ba, je, vo, du, mi, ra,
le, no, pu, si, fa, ze,

to, vu, xi, ma, bé, ni,
pa, ki, né, do, su, na,
mè, ri, fo, ju, ta, te,
lo, vu, xa, ze, sa, nu,
bla, ble, bli, blo, blu,
bra, bre, bri, bro, bru,
cla, cle, cli, clo, clu,
cra, cre, cri, cro, cru,
dra, dre, dri, dro, dru,
fla, fle, fli, flo, flu,
fra, fre, fri, fro, fru,
phla, phle, phli, phlo, phlu,
phra, phre, phri, phro, phru,

gla, gle, gli, glo, glu,
gra, gre, gri, gro, gru,
pla, ple, pli, plo, plu,
bau, deu, mou, lai, pay,
veau, moi, voy, pey, san,
bon, loin, len, jou,
faim, main, tein, join,
dou, fau, sail, phra,
chair, gnol, teil,
phar, cham, gneul, nouil,
phré, char, gneau,
deuil, phla, chou, gnon.

Lettres doubles.

fi, ffi, ff, fl, ffl.

CINQUIÈME EXERCICE.

Mots faciles à épeler.

Pa-pa,	*papa.*	Ca-ve,	*cave.*
Mi-di,	*midi.*	A-mi,	*ami.*
Ra-ce,	*race.*	Pa-ri,	*pari.*
Mi-mi,	*mimi.*	Ra-re,	*rare.*
Mo-re,	*more.*	Ma-ri,	*mari.*
Ra-ve,	*rave.*	Lo-ge,	*loge.*
Jo-li, *joli.*	Ri-ve, *rive.*	Pi-le, *pile.*	
Po-li,	*poli.*	Ro-me,	*rome.*
Ca-ge,	*cage.*	Lu-ne,	*lune.*
Da-me,	*dame.*	La-me,	*lame.*

Mots à épeler de trois syllabes.

ha	ha-la	ha-la-ge
hâ	hâ-ti	hâ-ti-ve
ca	ca-ba	ca-ba-ne
ca	ca-ver	ca-ver-ne
ga	ga-vo	ga-vo-te
ki	ki-ri	ki-ri-é
ta	ta-pa	ta-pa-ge
va	va-li	va-li-de
mo	mo-na	mo-na-de
po	po-ta	po-ta-ge
to	to-pa	to-pa-se
so	so-no	so-no-re

bu	bu-ri	bu-ri-ne
su	su-tu	su-tu-re
ci	ci-go	ci-go-gne
li	li-ma	li-ma-ce
ri	ri-va	ri-va-ge
ri	ri-bo	ri-bo-te
fa	fa-vo	fa-vo-ri
pi	pi-lo	pi-lo-ri
ho	ho-no	ho-no-re
hu	hu-mi	hu-mi-de
u	u-ka	u-ka-se
cu	cu-ba	cu-ba-ge

ba	ba-ga	ba-ga-ge
fa	fa-go	fa-go-te
ki	ki-o	ki-o-sque
fa	fa-mi	fa-mi-ne
ba	ba-bi	ba-bi-ne
la	la-pi	la-pi-ne
ja	ja-la	ja-la-de
ma	ma-la	ma-la-de
pa	pa-ra	pa-ra-de
ra	ra-pi	ra-pi-ne
sa	sa-la	sa-la-de

Mots à épeler de quatre syllabes.

a	a-ma	a-ma-rra	a-ma-rra-ge
a	a-ma	a-ma-ran	a-ma-ran-the
bi	bi-ga	bi-ga-rru	bi-ga-rru-re
ca	ca-pi	ca-pi-tai	ca-pi-tai-ne
cé	cé-lé	cé-lé-ri	cé-lé-ri-té
mou	mou-li	mou-li-na	mou-li-na-ge
pa	pa-la	pa-la-ti	pa-la-ti-ne
u	u-na	u-na-ni	u-na-ni-me
zo	zo-di	zo-di-a	zo-di-a-que
di	di-a	di-a-dê	di-a-dê-me
a	a-gri	a-gri-co	a-gri-co-le

Mots à épeler de cinq syllabes.

em	em-ma	em-ma-ga	em-ma-ga-si

em-ma-ga-si-ner.

a	a-ppren	a-ppren-ti	a-ppren-ti-ssa

a-ppren-ti-ssa-ge.

Mots à épeler de six syllabes.

per   per-pen   per-pen-di   per-pen-di-cu
per-pen-di-cu-lai   per-pen-di-cu-lai-re.

dé dé-so dé-so-bé dé-so-bé-i dé-so-bé-i-ssan
dé-so-bé-i-ssan-ce.

SIXIÈME EXERCICE.

Mots accentués à épeler.

Pâ-té, *pâté*. Nî-mes, *nîmes*. Ci-té, *cité*.
Cô-té, *côté*. Cè-ne, *cène*. Pè-re, *père*.
Lâ-che, *lâche*. Tê-te, *tête*. Fê-te, *fête*.
Sa-ül, *saül*. Ha-ïr, *haïr*. Za-ël, *zaël*.
Phré-né-sie, *phrénésie*. Fe-nê-tre, *fenêtre*.
Stra-ta-gê-me, *stratagême*.
Hy-po-thè-se, *hypothèse*.

Mots dans lesquels les articulations finales ne se prononcent pas.

- (*b*) Plom*b*.................... plon.
- (*p*) Dra*p*, lou*p*, cou*p*......... dra, lou, cou.
- (*c*) Es-to-ma*c*, blan*c*, jon*c*. es-to-ma, blan, jon.
- (*q*) Cin*q*, (devant les mots qui commencent par une consonne), pas......... cin, pas.
- (*g*) Poin*g*, lon*g*, san*g*......... poin, lon, san.
- (*d*) Chau*d*, lar*d*, gon*d*....... chau, lar, gon.
- (*t*) Cho-co-la*t*, for*t*, dé-fau*t*. cho-co-la, for, dé-fau.
- (*l*) Ou-ti*l*, fu-si*l*............. ou-ti, fu-si.
- (*r*) Mon-sieu*r*................. mo-ssieu.
- (*s*) Ju*s*, mai*s*, ta-pi*s*.......... ju, mai, ta-pi.
- (*z*) Ri*z*...................... ri.
- (*x*) Flu*x*, pai*x*, noi*x*......... flu, pai, noi.
- (*ps*) Cor*ps*.................... cor.
- (*pt*) Ex-em*pt*................. ex-en.
- (*cs*) Fran*cs*.,.................. fran.

(*ch*) Al-ma-na*ch*............... al-ma-na.
(*ct*) In-stin*ct*................. in-stin.
(*gs*) Ha-ren*gs*................. ha-ren.
(*gt*) Vin*gt*.................... vin.
(*ds*) Fon*ds*.................... fon.
(*th*) Go*th*..................... go.
(*ls*) Pou*ls*.................... pou.
(*lx*) Fau*lx*.................... fau.
(*nt*) Ils pen-se*nt*............. il pen-se.
(*st*) Jé-sus-Chri*st*............ Jé-su-Cri.

SEPTIÈME EXERCICE

Sons équivalents avec une orthographe différente.

(e)   eu   œu   heu
         peu-ple. *sœur*.   *heu*-re.

(è)   ei   ey   egs   et
         rei-ne. *dey*.   *legs*.   bud-*get*.

(ê)	est il *est*.	ai *mai*.	aïë *plaie*.	
(é)	ai *j'ai-mai*.	et *et*.	er *soup-er*.	ez *nez*.
(ô)	au *autre*.	eau *peau*.	ô *apôtre*.	
(eu)	œu *vœu*.			
(oi)	oe *moellon*.			
(an)	am *chambre*.	em *membre*.	en *lenteur*.	
(in)	im *im-pur*.	yn *syn-dic*.	ym *sym-pho-nie*.	ein *frein*.
	ain *pain*.	aim *faim*.		
(on)	om *nombre*.			
(un)	um *parfum*.	eun *à jeun*.		

HUITIÈME EXERCICE.

Valeur exceptionnelle de quelques lettres ou diphthongues.

c pour g.
se-cond. ci-co-gne, etc.

ch pour c.
chlo-re. ar-chan-ge. or-ches-tre. cha-os.

ch pour g.
drach-me.

d pour t.
il se rend à la ville.

e pour a.
femme. pru-dent. i-nno-cent.

il pour ill.
so-leil. tra-vail. cer-feuil. fe-nouil.

ill pour y.
baill-ez. a-beille. fa-mill-e. mouill-ez, etc.

s pour z.
Al-sa-ce. bal-sa-mi-ne. tran-si-ger, etc.

t pour s.
mar-tial. pa-tien-ce. é-gyp-tien. quo-tient. sa-tiété. facé-tie. i-ner-tie, etc.

tz pour ss.
Metz.

y pour ii.
ci-toy-en. cray-on. pay-san. voy-a-geur. tu-toy-er, etc.

z pour s.
Ro-déz.

Sons qui ne se prononcent pas.

a dans Saô-ne, taon.
e .... Caen, as-seoir, dé-voue-ment.
o .... paon, faon.
u .... que, qui, quel-con-que, que-nouil-le.

Liaisons des mots.

grande affaire,	gran-da-ffaire.
grand homme,	gran-*t*'homme.
rang élevé,	ran-*k*é-levé.
vous êtes aimable,	vou-*z*è-te-*z*aimable.
bon ami,	bo-nami.
bons amis,	bon-*z*amis.
in-octavo,	i-n'octavo.

NEUVIÈME EXERCICE.

Apostrophe.

le ami,	l'ami.
la union,	l'union.
que il,	qu'il.
que elle,	qu'elle.
lorsque on,	lorsqu'on.
ce est,	c'est.
je aime,	j'aime.
se occuper,	s'occuper.
moins de odeur,	moins d'odeur.
la hirondelle,	l'hirondelle.

Ponctuations.

Point	(.)	Apostrophe	(')
Virgule	(,)	Trait d'union	(-)
Point et virgule	(;)	Guillemet	(»)
Deux points	(:)	Astérisque	(*)
Point d'interrogation	(?)	Parenthèses	( )
Point d'admiration	(!)	Crochets	[ ]

DIXIÈME EXERCICE.

Chiffres arabes.

1   2   3   4   5   6   7   8   9   0   10
(un) (deux) (trois) (quatre) (cinq) (six) (sept) (huit) (neuf) (zéro) (dix)

Chiffres romains.

I   II   III   IV   V   VI   VII   VIII   IX
(un) (deux) (trois) (quatre) (cinq) (six) (sept) (huit) (neuf)

X   XX   XXX   XL   L   LX
(dix) (vingt) (trente) (quarante) (cinquante) (soixante)

LXX   **LXXX**   **XC**   **C**
(soixante-dix) (quatre-vingts)   (quatre-vingt-dix) (cent)

CC   **CCC**   **CD**   **D**   **DC**
(deux cents) (trois cents) (quatre cents) (cinq cents) (six cents)

DCC   **DCCC**   **CM**   **M**   **MM.**
(sept cents) (huit cents) (neuf cents) (mille) (deux mille).

La même lettre ne se met pas quatre fois de suite. Alors on écrit :

IV   pour *quatre,* au lieu de IIII,

IX   pour *neuf,* au lieu de VIIII,

XIV pour *quatorze,* au lieu de XIII,

XIX pour *dix-neuf,* au lieu de XVIIII,

XL   pour *quarante,* au lieu de XXXX,

XC   pour *quatre-vingt-dix,* au lieu de LXXXX,

CD   pour *quatre cent,* au lieu de CCCC,

CM   pour *neuf cent,* au lieu de DCCCC.

ONZIÈME EXERCICE
Lecture courante syllabée.

MAXIMES

ET CONSEILS POUR L'ENFANCE,

TIRÉS DE L'ÉCRITURE SAINTE,

De Bossuet, de Fénélon, de Pascal, de Montesquieu, de Fléchier, de Larochefoucauld, de Vauvenargues, de M. de Chateaubriand, etc., de Mme de Genlis, etc., etc.

— Ai-mer | Dieu | de | tout | son cœur, | de | tout | son | es-prit, | de tou-te | son | ame, | de | tou-tes | ses forces, | et | son | pro-chain | co-mme soi | mê-me | pour | l'a-mour | de | Dieu; | ce | n'est | pas | un | con-seil, c'est | un | pré-ce-pte; | c'est | le | pre-mier(1) | comman-de-ment | de | la loi; | c'est | l'a-bré-gé | de | tou-te | la mo-ra-le | é-van-gé-li-que, | de | tou-tes | les | le-çons | de | Jé-sus-Christ.

— Soit | que | vous | man-giez (2), soit | que | vous | bu-viez (3), | quel-que | cho-se | que | vous | fa-ssiez (4), fai-tes | le | pour | la | gloi-re | de | Dieu. |

— Dieu | ré-si-ste | aux | su-per-bes et | do-nne | sa | gra-ce | aux | hum-bles. |

—La | crain-te | du | Sei-gneur | est le | com-men-ce-ment | de | la | sa-ges-se (5).

(1) Prononcez : pre-*mié*.   (2) Prononcez : man-*gié*.
(3) Prononcez : bu-*vié*.   (4) Prononcez : fa-*ssié*.
(5) Prononcez : sà-*gè*-sse.

— J'ai | vé-cu | cent | ans, | di-sait Fon-te-ne-lle, | et | je | mour-rai | a-vec | la | con-so-la-tion | de | n'a-voir ja-mais | do-nné | le | plus | pe-tit | ri-di-cu-le | à | la | plus | pe-ti-te | ver-tu.

— La | va-ni-té | de | l'ho-mme | est la | sour-ce | de | ses | plus | gran-des pei-nes; | et | il | n'y | a | per-so-nne à | qui | e-lle (1) | ne | do-nne | en-co-re | plus | de | cha-grin | que | de | plaisir.

— L'a-mour | pro-pre, | est | un | ba-llon | plein | de | vent. | Faites | y u-ne | pi-qû-re | il | en | sor-ti-ra | des tem-pê-tes.

— L'é-cri-tu-re | sain-te | a-pprend que | l'oi-si-ve-té | est | la | mè-re | de tous | les | vi-ces.

— La | re-li-gion, | co-mme | l'a | très | bien | dit | d'A-gue-sseau (2), | est | la | vraie | phi-lo-so-phie.

(1) Prononcez : è-lle. (2) Prononcez : d'A-guè-sseau.

— Vou-lez | vous, | dit | Pas-cal, | qu'-on | di-se | du | bien | de | vous? n'en | di-tes | point.

— Le | so-leil | ni | la | mort | ne | peu-vent | se | re-gar-der | fi-xe-ment.

— Il | n'y | a | rien | de | si | ca-lo-mni-é, | que | le | temps; | tan-tôt | on | lui | re-pro-che | sa | vi-te-sse | et tan-tôt | sa | len-teur; | sa | mar-che est | ter-ri-ble | car | e-lle (1) | est | ir-ré-vo-ca-ble | et | sans | re-pos; | mais e-lle (2) | est | len-te, | é-ga-le | et | me-su-rée, | vo-tre | œil | n'en | peut a-per-ce-voir | le | mou-ve-ment | im-per-cep-ti-ble | sur | le | ca-dran | qui la | tra-ce; | mais | son-gez (3) | que | ce-tte | ai-gui-lle | qui | vous | pa-raît i-mmo-bi-le | mar-che | tou-jours, | qu'-e lle | ne | s'a-rrê-te | point | et |

(1) Prononcez : è-lle.   (2) Prononcez : é-lle.
(3) Prononcez : son-gé.

qu'-elle | ne | ré-tro-gra-de | ja-mais!..
(madame de Genlis.)

DOUZIÈME EXERCICE.

Lecture syllabée sans signes d'épellation.

La vie hu mai ne est sem bla ble à un che min dont l'i ssue est un pré ci pi ce a ffreux : on nous en a ver tit dès le pre mier pas, mais la loi est pro non cée, il faut a van cer tou jours, je vou drais retour ner sur mes pas, mar ché, mar che. Un poids in vin ci ble, une for ce in vin ci ble nous en traî ne ; il faut sans ce sse a van cer vers le pré ci pi ce. (Bossuet.)

U ne ad mi ra ble pro vi den ce se fait

re mar quer dans les nids des oiseaux. On ne peut con tem pler sans être a-tten dri cette bonté di vine qui donne l'in du strie au fai ble et la pré voy an-ce à l'in sou ci ant. (Chateaubriand.)

— Ce lui qui craint Dieu ho no re ra son pè re et sa mè re, et il ser vi ra co-mme ses maîtres ceux qui lui ont do-nné la vie.

— Ce lui qui ho no re son père trou-ve ra sa joie dans ses enfants, et il se-ra exau cé au jour de sa pri è re.

— Celui qui ho no re sa mè re est co mme un ho mme qui a masse un tré-sor.

— Gar dez la fi dé li té à vo tre a mi pen dant qu'il est pau vre.

—Le pau vre qui se suffit à lui mê me vaut mieux qu' un ho mme glo ri eux qui n'a point de pain.

— Par tout où l'on tra vaill e, là est l'a bon dance.

— Le si len ce est le par ti le plus sûr pour celui qui se dé fi e de lui-même. (Larochefoucaud.)

— Le dé sir de pa raî tre ha bi le em-pê che sou vent de le de ve nir.

L'hy po cri sie est un ho mma ge que le vi ce rend à la ver tu.

— On ne peut ê tre jus te, si on n'est hu main.

— Nos plus sûrs pro tec teurs sont nos ta lens.

— Les mé chans sont tou jours sur-pris de trou ver de l'ha bi le té dans les bons.

— Les gran des pen sées vi ennent du cœur.

— Le fruit du tra vail est le plus doux des plaisirs.

La Ja lou sie est le plus grand de tous les maux, et celui qui fait le moins de pitié.

FRAGMENS

COMPOSÉS EXPRÈS POUR CET ALPHABET,

PAR M. TISSOT,

Membre de l'Académie française.

Amour de Dieu.

La beauté du monde, l'ordre qui règne dans les choses célestes, les révolutions constantes des astres, la marche régulière des saisons nous annoncent la puissance de Dieu. Aimer Dieu, c'est se montrer reconnaissant envers son créateur, son maître et son père. Il nous a donné l'existence, et nous ne vivons que de ses bienfaits qui ne nous manquent jamais; il a suspendu en l'air le flambeau du soleil pour nous éclairer et nous échauffer, il entretient la fécondité de la terre, il donne aux arbres des fruits variés pour la nourriture de l'homme. Il a mis dans l'air la musique des oiseaux qui forment sans cesse pour nous de nouveaux concerts. Il nous a fait présent d'un cœur capable d'aimer, d'un esprit propre à tout comprendre; il nous a doués du don de la parole, sans laquelle nous ne pourrions jouir du commerce de nos semblables et leur communiquer nos sentimens et nos pensées. Tous les arts sont des secrets qui nous viennent de sa munificence; mais le plus beau de ses dons est la vertu qui nous rapproche de lui autant que le permet la faiblesse humaine. Dieu voit du même coup-d'œil le monde et les plus secrets mouvemens de nos cœurs. On ne peut ni se cacher à ses regards, ni fuir sa justice. Il faut donc vivre comme si l'on vivait toujours en sa présence. L'enfant qui se dirait sans cesse: Dieu me voit, serait préservé de tout mal.

Amour et respect des enfans pour leurs père et mère.

Les anciens donnaient le nom de piété au religieux attachement des enfans pour leurs père et mère. C'est Dieu lui-même que nous aimons et respectons dans nos parens; en effet ils tiennent sa place auprès de nous sur la terre. Quelle reconnaissance ne leur devons-nous pas? Après nous avoir mis au monde avec tant de douleurs, quels soins notre mère, aidée de notre père, ne prend-elle pas de nous! Nuit et jour ils veillent sur notre enfance; ils nous soulagent dans nos vives souffrances, ils préviennent nos besoins, ils se font petits pour nous amuser, ils dirigent les premiers pas que nous essayons, ils cherchent à rendre nos membres droits et robustes; eux seuls comprennent ce que nous voulons dire, quand nous ne pouvons encore que bégayer. Leurs paroles pleines de tendresse et sans cesse répétées sur notre berceau, délient notre langue par degrés. En nous aimant, ils nous apprennent à aimer.

Il y a trois mots sacrés qui sont les premiers que l'enfant prononce dans tous les pays : « Dieu, maman et mon père. »

Un ancien disait que l'amour et le respect pour les père et mère était le fondement de toutes les vertus.

L'enfant qui aime et respecte son père et sa mère est béni de Dieu et chéri de tout le monde.

L'enfant qui méprise son père et sa mère est maudit de Dieu et haï de tout le monde.

Louis IX, l'un des plus grands rois de France, Louis IX, dont la mort fut celle d'un héros et d'un saint, avait un profond respect et le plus tendre attachement pour Blanche, sa vertueuse mère, qui était vraiment la femme forte de l'Évangile.

Amour et respect des enfans pour leurs maîtres.

Les maîtres sont de seconds pères, ils en remplissent les devoirs; ils fécondent la bonne semence que les parens ont fait entrer dans le cœur des enfans; ils nous enseignent d'abord à aimer et à prier Dieu, le père commun de tous les hommes. Ils développent par degrés notre jeune intelligence en la ménageant pour ne pas la fatiguer. Ce qu'ils nous apprennent nous servira dans tout le reste de la vie, et c'est pour cela qu'ils sont après nos parens les premiers des bienfaiteurs.

L'enfant qui aime et respecte ses maîtres remplit ses devoirs, est d'une humeur gaie et n'a presque jamais de chagrin. Il est aimé de ses camarades, car les paresseux même ont de l'estime et de la bienveillance pour celui qui travaille. Cet enfant arrive à la classe avec gaieté, il en sort pour aller recevoir les caresses de ses parens qui n'ont besoin que de le voir pour lire sur son visage que ses maîtres sont contens de lui.

Le respect d'un enfant pour ses maîtres, qui est une suite de son respect pour ses parens, lui porte bonheur pour toute sa vie.

Au contraire, l'enfant qui méprise ses maîtres excite le mécontentement de ses parens, perd leur tendresse, et devient souvent un mauvais sujet que le malheur suit partout.

Amour du travail.

Il n'y a que Dieu qui se repose éternellement. Cependant lui-même il a travaillé, puisqu'il a créé le monde et toutes les créatures, et que l'Écriture dit qu'il se reposa le septième jour après avoir fait tous ces ouvrages.

Le travail est la condition imposée à tous les hommes; mais Dieu en nous prescrivant cette loi sévère en a tempéré la rigueur par un présent de sa bonté. Lui-même a voulu attacher au travail un plaisir qui nous le fait supporter sans peine. L'enfant ainsi que l'homme sont paisibles, innocens et heureux pendant le cours du travail. Les heures consacrées au travail sont des heures enlevées aux vices, aux mauvaises pensées, aux mauvaises actions. L'enfant qui s'obstine à la paresse, prépare les malheurs de sa vie, dont le premier est d'affliger et d'offenser ses parens; un jour peut-être il causera la mort de sa mère par une conduite criminelle, car la paresse conduit à tout.

Enfant, travailler c'est obéir à Dieu, à tes parens, à la société qui aura un jour besoin de toi, à ton intérêt, car sans le travail tu ne pourrais ni acquérir un état, ni soutenir ta famille, ni vivre estimé. Écoute la punition terrible dont tu serais menacée en ne t'habituant pas de bonne heure au travail. Un jour, si ta mère venait à tomber dans le besoin, tu serais devenu incapable de la nourrir!

Les jeunes amitiés.

L'amitié est le charme de la société humaine; le doux commerce de l'amitié commence avec la vie. Dès le berceau nous nous sentons attirés vers un enfant comme nous par un choix de nature. A mesure que nous grandissons, ce penchant augmente, et il devient quelquefois si puissant que la mort seule peut rompre nos liens. Mais c'est dans les études que l'amitié commence le plus souvent entre des disciples du même âge. Enfant, tout jeune que tu es, fais attention au choix de ton cœur. N'adopte pour ami qu'un enfant laborieux, soumis à ses maîtres et doué d'une bonne nature. Tu le reconnaîtras sans peine à sa conduite et même à son premier aspect. Il règne sur le front de l'enfant vertueux et bon quelque chose de doux, de candide, un air de contentement et de sérénité qui promettent tout ce qu'il est. Ouvre tout ton cœur à cet autre toi-même, il te consolera, il te gardera du mal, enfin ce mot dit tout, il t'aimera.

Enfant, si tu as bien choisi dès ton jeune âge, tu te seras donné peut-être pour toute la vie un soutien, un guide, un ami, l'un des plus grands présens que Dieu et la vertu puissent faire à l'homme.

Les méchans n'ont point d'amis, les bons seuls sont dignes d'en avoir.

Oter l'amitié du commerce de la vie, ce serait ôter le soleil du monde.

PRIÈRES.

✝ Au nom du Père, et du Fils, et du Saint-Esprit.
Ainsi soit-il.

L'oraison dominicale.

Notre père, qui êtes aux cieux, que votre nom soit sanctifié; que votre règne arrive;

que votre volonté soit faite en la terre comme au ciel : donnez-nous aujourd'hui notre pain quotidien; pardonnez-nous nos offenses comme nous pardonnons à ceux qui nous ont offensés, et ne nous laissez pas succomber à la tentation; mais délivrez-nous du mal. Ainsi soit-il.

Pater noster qui es in cœlis, sanctificetur nomen tuum : adveniat regnum tuum; fiat voluntas tua, sicut in cœlo et in terrâ. Panem nostrum quotidianum da nobis hodie, et dimitte nobis debita nostra sicut et nos dimittimus debitoribus nostris. Et ne nos inducas in tentationem : sed libera nos à malo. Amen.

La salutation angélique.

Je vous salue, Marie, pleine de grace; le Seigneur est avec vous; vous êtes bénie entre toutes les femmes, et Jésus, le fruit de vos entrailles, est béni. Sainte Marie, mère de Dieu, priez pour nous, pauvres pécheurs, maintenant et à l'heure de notre mort. Ainsi soit-il,

Ave, Maria, gratiâ plena, Dominus tecum, benedicta tu in mulieribus, et benedictus fructus ventris tui, Jesus.
Sancta Maria, mater Dei, ora pro nobis peccatoribus, nunc et in horâ mortis nostræ. Amen.

Le symbole des apôtres.

Je crois en Dieu, le père tout-puissant, créateur du ciel et de la terre, et en Jésus-Christ son fils unique notre Seigneur; qui a été conçu du Saint-Esprit, est né de la Vierge Marie: a souffert sous Ponce-Pilate; a été crucifié, est mort, et a été enseveli; est descendu aux enfers, et le troisième jour est ressuscité des morts; est monté aux cieux, est assis à la droite de Dieu le père tout-puissant; d'où il viendra juger les vivans et les morts. Je crois au Saint-Esprit; à la sainte église catholique; à la communion des Saints; à la rémission des péchés; à la résurrection de la chair; et à la vie éternelle. Ainsi soit-il.

Credo in Deum, Patrem omnipotentem, Creatorem Cœli et terræ : et in Jesum Christum Filium ejus unicum, Dominum nostrum, qui conceptus est de Spiritu sancto, natus ex Mariâ Virgine, passus sub Pontio Pilato, crucifixus, mortuus et sepultus : descendit ad inferos : tertiâ die resurrexit à mortuis : ascendit ad cœlos, sedet ad dexteram Dei Patris omnipotentis : indè venturus est judicare vivos et mortuos.

Credo in Spiritum sanctum, sanctam Ecclesiam Catholicam, sanctorum communionem, remissionem peccatorum, carnis resurrectionem et vitam æternam. Amen.

La confession des péchés.

Je me confesse à Dieu tout-puissant, à la bienheureuse Marie toujours vierge, à Saint Michel-Archange, à Saint Jean-Baptiste, aux apôtres Saint Pierre et Saint Paul, à tous les Saints, et à vous, mon père, parce que j'ai beaucoup péché, par pensées, par paroles, par actions et par omissions; c'est ma faute, c'est ma faute, c'est ma très grande faute : c'est pourquoi je supplie la bien heureuse Marie toujours vierge, Saint Michel-Archange, Saint Jean-Baptiste, les apôtres Saint Pierre et Saint Paul, tous les Saints, et vous, mon père, de prier pour moi le Seigneur notre Dieu.

Que le Dieu tout-puissant nous fasse miséricorde, qu'il nous pardonne nos péchés, et nous conduise à la vie éternelle. Ainsi soit-il.

Que le Seigneur tout-puissant et miséricordieux nous accorde de l'indulgence, l'absolution et la rémission de nos péchés. Ainsi soit-il.

Confiteor Deo omnipotenti, beatæ Mariæ semper virgini, beato Michaëli Archangelo, beato Joanni-Baptistæ, sanctis Apostolis Petro et Paulo, omnibus Sanctis : quia peccavi nimis cogitatione, verbo et opere, meâ culpâ, meâ culpâ, meâ maximâ culpâ.

Ideò precor beatam Mariam semper virginem, beatum Michaelem Archangelum, beatum Joannem-Baptistam, sanctos Apostolos Petrum et Paulum, omnes Sanctos, orare pro me ad Dominum Deum nostrum.

ACTES DES VERTUS THÉOLOGALES.

Acte de Foi.

Mon Dieu, je crois fermement tout ce que la sainte église catholique, apostolique et romaine m'ordonne de croire, parce que c'est vous, ô vérité infaillible! qui le lui avez révélé.

Acte d'Espérance.

Mon Dieu, j'espère avec une ferme confiance, que vous me donnerez, par les mérites de Jésus-Christ, votre grâce en ce monde; et si j'observe vos commandemens, votre gloire en l'autre, parce que vous me l'avez promis, et que vous êtes souverainement fidèle dans vos promesses.

Acte de Charité.

Mon Dieu, je vous aime de tout mon cœur, de tout mon esprit, de toute mon ame, de toutes mes forces, et par-dessus toutes choses, parce que vous êtes infiniment bon, infiniment aimable; et j'aime mon prochain comme moi même pour l'amour de vous.

Acte de Contrition.

Mon Dieu, j'ai un extrême regret de vous avoir offensé, parce que vous êtes infiniment bon, infiniment aimable, et que le péché vous déplaît; pardonnez-moi par les mérites de Jésus-Christ; je me propose, moyennant votre sainte grâce, de ne plus vous offenser et de faire pénitence.

Les commandemens de Dieu.

1. Un seul Dieu tu adoreras,
   Et aimeras parfaitement;
2. Dieu en vain tu ne jureras,
   Ni autre chose pareillement.

3. Les Dimanches tu garderas,
   En servant Dieu dévotement.
4. Tes père et mère honoreras,
   Afin de vivre longuement.
5. Homicide point ne seras,
   De fait, ni volontairement.
6. Luxurieux point ne seras,
   De corps, ni de consentement.
7. Le bien d'autrui tu ne prendras,
   Ni retiendras à ton escient.
8. Faux témoignage ne diras,
   Ni mentiras aucunement.
9. L'œuvre de chair ne désireras.
   Qu'en mariage seulement.
0. Biens d'autrui ne convoiteras,
   Pour les avoir injustement.

Les commandements de l'Église.

1. Les fêtes tu sanctifieras,
   Qui te sont de commandement.
2. Les Dimanches la Messe ouïras,
   Et les Fêtes pareillement.
3. Tous tes péchés confesseras,
   A tout le moins, une fois l'an.
4. Ton Créateur tu recevras,
   Au moins, à Pâques humblement.

5. Quatre-Temps, Vigiles jeûneras,
   Et le Carême entièrement.

6. Vendredi chair ne mangeras,
   Ni le Samedi mêmement.

Evangile selon saint Jean.

Au commencement était le Verbe, et le Verbe était en Dieu, et le Verbe était Dieu. Il était au commencement en Dieu. Toutes choses ont été faites par lui, et rien de ce qui a été fait, n'a été fait sans lui. La vie était en lui, et la lumière des hommes, et la lumière luit dans les ténèbres, et les ténèbres ne l'ont point comprise. Il y eut un homme envoyé de Dieu, qui s'appelait Jean. Il vint pour servir de témoin, pour rendre témoignage à la lumière, afin que tous crussent par lui. Il n'était pas la lumière, mais il était venu pour rendre témoignage à la lumière. La véritable lumière était celle qui éclaire tout homme venant en ce monde. Il était dans le monde, et le monde a été fait par lui, et le monde ne l'a point connu. Il est venu dans son propre héritage, et les siens ne l'ont point reçu. Mais il a donné le pouvoir de devenir enfans de Dieu à tous ceux qui l'ont reçu, et qui croient en son nom, et qui ne sont pas nés du sang, ni des désirs de la chair, ni de la volonté de l'homme, mais de Dieu. ET LE VERBE A ÉTÉ FAIT CHAIR, et il a habité parmi nous (et nous avons vu sa gloire telle que celle du fils unique du Père), étant plein de grâce et de vérité.

Prière du matin.

O Seigneur, je te remercie de ce que tu m'as gardé pendant la nuit ; garde-moi, garde-moi aussi pendant le jour, je te prie ; je tâcherai de me souvenir que tu es toujours près de moi, et alors je n'aurai peur de rien, que de t'offenser. Bénis, ô mon Dieu, mes parens et tous ceux que j'aime. C'est au nom de ton Fils Jésus-Christ que je t'invoque,

Prière du soir.

O mon Dieu, je ne veux pas me coucher sans t'avoir demandé ta bénédiction. Tu as été bien bon pour moi aujourd'hui, et pourtant je sens que j'ai commis plusieurs fautes. Pardonne-les moi, Seigneur. Je tâcherai d'être plus sage demain. Je vais à présent m'endormir en pensant que tu me garderas pendant mon sommeil. C'est au nom de ton Fils Jésus-Christ que je t'invoque.

PRIÈRES EN VERS

POUR CHAQUE JOUR DE LA SEMAINE (1).

LUNDI.

Pour demander à Dieu une bonne semaine.

Mon Dieu, pendant cette semaine,
Dans mes leçons et dans mes jeux
Gardez-moi de faute ou de peine,
Car qui dit l'un dit tous les deux.
Donnez-moi cette humeur docile
Qui rend le devoir plus facile ;
Et si ma mère m'avertit,
Au lieu de cet esprit frivole
Que distrait la mouche qui vole,
Seigneur, donnez-moi votre esprit.

(1) Ces prières qui sont un chef-d'œuvre de poésie sont extraites de l'Éducation maternelle, par Mme Tastu.

MARDI.

A l'Ange gardien.

Veillez sur moi quand je m'éveille,
Bon ange, puisque Dieu l'a dit ;
Et chaque nuit, quand je sommeille,
Penchez-vous sur mon petit lit.
Ayez pitié de ma faiblesse,
A mes côtés marchez sans cesse ;
Parlez-moi le long du chemin,
Et, pendant que je vous écoute,
De peur que je ne tombe en route,
Bon ange, donnez-moi la main.

MERCREDI.

Pour les petits enfants morts.

Comme on parle, dans leur absence,
Des amis qui sont loin de nous,
Mon Dieu ! l'enfant qui reste, pense
A l'enfant qui retourne à vous.
Au ciel, pour chanter vos louanges,
Vous rappelez ces petits anges
Qu'on met coucher avant le soir ;
Eux n'ont plus besoin de prières ;
Mais consolez leurs pauvres mères,
Qui sont si long-temps sans les voir !

JEUDI.
La récréation.

Mon Dieu, ma tâche est terminée ;
Vous vous contentez de si peu,
Que la fin de cette journée
Pour vos enfants n'est plus que jeu.
S'ils font tourner la corde agile,
S'ils poussent le cerceau mobile
Qui roule et court sur les cailloux,
Vous les suivez d'un œil de père,
Et vous dites, comme ma mère :
« Allez, enfants, amusez-vous ! »

VENDREDI.
A Jésus-Christ.

Jésus, que dès votre jeune âge
Le ciel bénit de ses faveurs ;
Jésus, si savant et si sage,
Que vous confondiez les docteurs ;
Jésus, qui fûtes sur la terre
Toujours soumis à votre mère,
Toujours pieux et plein de foi ;
Quand je m'efforce de vous suivre ;
Dites, comme en votre Saint-Livre :
« Laissez l'enfant venir à moi. »

SAMEDI.

A la Vierge.

Sainte mère des pauvres mères,
Vous, leur espoir et leur secours,
Vous, que leurs ardentes prières
Ont fait gardienne de nos jours;
Si les angoisses maternelles,
Hélas! ne vous sont pas nouvelles,
Soyez-leur propice ici-bas;
Et prêtez l'oreille, ô Marie!
A chaque mère qui vous prie
Avec un enfant dans les bras.

PRIÈRE DU DIMANCHE.

Mon Dieu, pour vous bénir, je m'éveille sans peine
Quand ma mère me dit; dimanche est de retour,
Car, entre tous les jours que la lente semaine,
    Tour à tour nous ramène,
    Ce jour est votre jour.

L'Eglise nous attend brillante de lumière:
Tout bas à deux genoux, plein d'amour et de foi,
Comme ceux qui sont grands j'y dirai ma prière,
    A côté de ma mère
    Qui vous priera pour moi.

PRIÈRE EN VERS

POUR TOUS LES JOURS DE LA SEMAINE.

Notre Père des cieux, Père de tout le monde,
De vos petits enfants, c'est vous qui prenez soin
Mais à tant de bonté vous voulez qu'on réponde
Et qu'on demande aussi, dans une foi profonde,
    Les choses dont on a besoin !

Vous m'avez tout donné, la vie et la lumière,
Le blé qui fait le pain, les fleurs que j'aime à voir
Et mon père, et ma mère, et ma famille entière
Moi, je n'ai rien pour vous, mon Dieu, que la prière
    Que je vous dis matin et soir !

Notre Père des cieux, bénissez ma prière ;
Pour mes parents, pour moi, je vous prie à genoux
Afin qu'ils soient heureux donnez-moi la sagesse
Et puissent leurs enfants les contenter sans cesse
    Pour être aimés d'eux et de vous !

PRIÈRE DE L'ORPHELIN (1).

Où sont, mon Dieu, ceux qui devaient sur terre
    Guider mes pas ?
Tous les enfants ont un père, une mère !....
    Je n'en ai pas !
Mais votre voix murmure à mon oreille :
    Lève les yeux ;
Pour l'orphelin un père est là, qui veille
    Du haut des cieux.

(1) Cette prière a été composée exprès pour cet Alphabet par Mme Tastu.

EN VENTE

AU BUREAU CENTRAL DES DICTIONNAIRES,

à Paris, rue des Filles-Saint-Thomas, 5,

ET CHEZ TOUS LES CORRESPONDANTS ET SOUS-CORRESPONDANTS DE LA SOCIÉTÉ DES DICTIONNAIRES ET DES LIVRES D'UTILITÉ ET D'ÉDUCATION.

ALPHABET ILLUSTRÉ du Dictionnaire général et grammatical des dictionnaires français, par Napoléon Landais. 26 vignettes avec texte, prix : 1 fr. 25 c. 1 fr. 50 cartonné.

Dans cet Alphabet imprimé sur magnifique papier vélin, vingt-six vignettes dues à nos plus célèbres artistes représentent par le dessin, les termes principaux des sciences, des arts, de la mythologie, de l'histoire naturelle, de l'histoire ancienne et moderne, etc., etc.

Ce joli petit ouvrage, en faisant connaître aux enfants les premiers principes de lecture, est aussi destiné à leur apprendre en les amusant une foule de choses et de traits qui doivent orner leur esprit.

L'Alphabet illustré du Dictionnaire de Napoléon Landais a été adopté par un grand nombre de maisons d'éducation, des tirages à un nombre extraordinaire permettent seuls de le vendre à un prix aussi modique.

ALPHABET ILLUSTRÉ de moyenne grandeur, avec les mêmes vignettes et un texte, broché 70 c. cartonné 90 c.

PETIT ALPHABET illustré avec les mêmes vignettes et un texte, 30 c. broché, 40 c. cartonné.

ON TROUVE AU PRIX DE PARIS

Chez tous les Directeurs-correspondants et chez tous [les] sous-correspondants de la Société des Dictionnaires.

1º DICTIONNAIRE GÉNÉRAL ET GRAMMATICAL d[es] dictionnaires Français, extrait et complément de tous [les] dictionnaires les plus célèbres, par Napoléon Landais; tro[i]sième édition, contenant la nomenclature de tous les mo[ts] (sans exceptions) généralement usités, la prononciation [fi]gurée, l'étymologie de chaque mot, les verbes irréguliers co[n]jugués dans tous leurs temps à leur ordre alphabétique, pri[x] 26 fr. l'ouvrage complet. 36 liv. avaient paru le 25 mars 183[

2º GRAMMAIRE DE NAPOLÉON LANDAIS, résumé génér[al] de toutes les grammaires françaises, présentant la soluti[on] analytique, raisonnée et logique de toutes les questions gram[ ]maticales anciennes et nouvelles, un très beau volume gra[nd] in-8º de près de 700 pages imprimé en beaux caractère[s] sur deux colonnes, prix : 12 fr. (ouvrage complet).

3º DICTIONNAIRE UNIVERSEL DE GÉOGRAPHIE M[O]DERNE, ou description physique, politique et historique [de] tous les lieux de la terre, accompagné d'un atlas de 59 car[tes] coloriées par M. Perrot, géographe, et Mme Al. Aragon, de[ux] beaux volumes sur deux colonnes, 20 fr. (ouvrage comple[t).

4º DICTIONNAIRE DE LÉGISLATION USUELLE, [au] moyen duquel chacun peut gérer ses affaires lui-même, contenant les notions du droit civil, commercial, criminel[,] administratif, avec les formules des actes et contrats, et tarif du droit d'enregistrement de chacun d'eux, par E. Chabrol-Chaméane, avocat à la Cour royale de Paris, anci[en] magistrat, deux beaux volumes sur deux colonnes. Prix : 20[

5º DICTIONNAIRE DE MÉDECINE USUELLE, HYGIÈN[E] DES ENFANTS ET DES VIEILLARDS, par une société [de] professeurs, de membres de l'Académie Royale de médecine[,] de chirurgiens des hôpitaux; tous les articles sont signés. De[ux] beaux volumes, prix : 20 fr. 32 livraisons avaient paru le mars, la dernière contenait un article de M. Guersent sur le croup, et un article de M. Blache sur la coqueluche.

DICTIONNAIRE DES MÉNAGES, répertoire de toutes les connaissances usuelles, encyclopédie des villes et des campagnes, par Antony Dubourg, membre de plusieurs sociétés savantes, industrielles et agricoles.

On peut dire que plus de 200 volumes sont concentrés dans ouvrage, formé de la réunion de tous les Manuels, et qui le véritable Dictionnaire des Dictionnaires, puisqu'il résume ur les gens du monde.

e Dictionnaire de Médecine et de Chirurgie domestique.
Le Dictionnaire de législation usuelle.
Le Dictionnaire de Physique et de Chimie.
Le Dictionnaire de Cuisine.
Le Dictionnaire des Jardiniers et la Maison rustique.
Le Dictionnaire des Sciences naturelles.
Le Dictionnaire des Jeux de calcul et de hasard, ou nouvelle cadémie des jeux, etc., deux beaux vol. presque in-4, pr. 18 f.

DICTIONNAIRE GÉNÉRAL DES VILLES, BOURGS, VILLAGES, HAMEAUX ET FERMES DE FRANCE, par Duclos, professeur de géographie et de statistique. Prix : 12 fr.

DICTIONNAIRE D'AGRICULTURE PRATIQUE, 2 v. 10 f.

DICTIONNAIRE DES LOIS MUNICIPALES, RURALES, ADMINISTRATIVES ET DE POLICE, par Duquenel, 2 v. 10 fr.

DICTIONNAIRE HISTORIQUE DE FELLER, 20 v. 45 fr.

DICTIONNAIRE DU COMMERCE, 4 vol. Prix : 56 fr.

GRAMMAIRE FRANÇAISE de Lhomond, dernière édition, à l'usage des institutions et des écoles primaires, revue, corrigée, et augmentée d'un appendice, d'une méthode d'analyse grammaticale, de règles abrégées du participe, etc., etc., par Napoléon Landais.

RAMMAIRE LATINE de Lhomond.

Ces deux ouvrages peuvent être fournis par les correspondants sous-correspondants de la société des Dictionnaires, à des onditions de bon marché qu'on ne trouverait nulle part.

SOUS PRESSE :

à 1 f. 25 c. le volume.

(Tous les Ouvrages ci-dessous auront paru avan[t] la distribution des prix.)

GRAMMAIRE ÉLÉMENTAIRE, par Napoléon Landa[is]. — LES PAYSANS ILLUSTRES, PLUTARQUE DES CA[M]PAGNES, par Alphonse Karr. — LES ENFANTS CÉL[È]BRES, par Michel Masson. — HISTOIRE DE FRANCE, p[ar] M. TISSOT, de l'Académie Française. — HISTOIRE UNI[-]VERSELLE, par le même.—CHEFS-D'OEUVRE DES FAB[U]LISTES FRANÇAIS, par le même.—NOUVELLE MORA[LE] EN ACTION, par le même. — PETIT BUFFON, HISTOIR[E] NATURELE des quadrupèdes, des oiseaux, des insectes, d[es] reptiles et des poissons, par le bibliophile Jacob.—HISTOI[RE] DE PARIS, par le même. — CHEFS-D'OEUVRE DES PR[O]SATEURS ET DES POETES FRANÇAIS, par M. Guyet [de] Fernex, officier de l'Université, ancien professeur de rhéto[ri]que au collège Louis-le-Grand.—PETIT DICTIONNAIRE D[E] NAPOLÉON LANDAIS.—HISTOIRE DE NAPOLÉON, e[tc.], etc., etc., etc.

(Presque tous ces Ouvrages sont enrichis de jolies vignettes.[)]

La Société des Dictionnaires tiendra prête pour la rentrée des classes, une édition à trè[s] bon marché de tous les classiques latins e[t] français employés dans les collèges, pension[s] et écoles primaires.

Liste de MM. les Correspondants, directeurs des bureaux de la Société des Dictionnaires dans les départements, chez lesquels se trouvent tous les ouvrages indiqués dans les pages précédentes.

MM.

Haute-Garonne, Aude, Ariège, Pyrénées-Orientales, Gers	Toussaint, Ingénieur, place Rouaix, 13, à Toulouse.
Hérault	Delcamp, Garde-magasin du timbre, à Montpellier.
Morbihan	Glanger, propriétaire à Hennebont.
Bas-Rhin	F. Ehrmann, libraire, place de la Boucherie, 28, à Strasbourg.
Aube	Papillon-Pénard, à Troyes.
Drôme, Loire, Ardèche	Lesieur, directeur des Assurances, etc., à Valence.
Moselle, Haut-Rhin, Vosges, Meurthe	Brenon, professeur de langues, rue Fournirue, 20, à Metz.
Mayenne	Feillé-Grand-Pré, imprimeur-libraire, à Laval.
Doubs	Jolyot, capitaine retraité, à Besançon.
Corse	Fabiani frères, imprimeurs-libraires-éditeurs, à Bastia.
Tarn, Tarn et Garon.	Mlle Jenny Coutanceau, rue Lacapelle, 121, à Montauban.
Rhône	H. de Payan, libraire, rue de la Préfecture, 6, à Lyon.

Haute-Saône..	Suchaux, imprimeur-libraire, à Vesoul.
Seine-Inférieu.	Dannel, relieur, à Dieppe. Dannel, place des Carmes, 57, à Rouen.
Deux-Sèvres..	Proust, maison de commission, à Niort.
Indre...... Cher.......	Dufour, principal clerc de notaire, à Issoudun.
Ain....... Saône-et-Loire.	Mercier-Lyvet, ancien greffier, rue Notre-Dame, à Bourg.
Nièvre.....	Bernay, maître de pension, à Nevers.
Yonne.....	Mme Gibier-Deserbois, rue du Tambour-d'Argent, 10, à Sens.
Gard.......	Augier, avoué à la cour royale de Nîmes.
Finistère.... Côtes-du-Nord.	Charvin, vérificateur des poids et mesures, à Châteaulin.
Var........	Garnier, receveur des douanes, à Vence.
Sarthe......	Etienne-Dupuy, libraire, rue du Saumon, au Mans.
Vienne...... Charente....	Lucas, grande rue, 20, à Poitiers.
Loiret...... Loir et Cher..	Grandchamp-Peigner, propriétaire, à Orléans, faubourg Madeleine.
Puy-de-Dôme.	Morin, rue de la Petite-Treille, 2, à Clermont-Ferrand.
Meuse....... Ardennes.... Marne...... Haute-Marne..	F. Gigault-d'Olincourt, ingénieur civil, rue Rousseau, 19, à Bar-le-Duc.
Eure et Loir..	Garnier, imprimeur-libraire, à Chartres.
Calvados....	Le commandant Harant, Pont-Saint-Pierre, 2, à Caen.
Pas-de-Calais. Somme...... Nord.......	Vanderest, négociant, à Dunkerque.

Basses-Pyrén.. Hautes-Pyrén. Landes......	Païsac, rue Orbe, à Bayonne.
Gironde.....	Joly de Blason, receveur de l'enregistrement, à Bordeaux.
Eure.......	Duquesnay, huissier, à Beaumont-le-Roger.
Creuse......	Barrier-Génevoix, négociant, à Chatelus.
Dordogne....	Baylé, secrétaire en chef de la mairie, à Périgueux.
Isère....... Hautes-Alpes.. Basses-Alpes..	Baumelle, rue Vaucanson, à Grenoble.
Charente-Infér.	Saudau, imprimeur, à St-Jean-d'Angély.
Allier.......	Lomet fils, maître de pension, à Moulins.
Cantal......	B. Férary, libraire, à Aurillac.
Oise........	Dardaillon, architecte-voyer, à Beauvais.
Haute-Vienne..	Le Chevalier de Griffon, ancien capitaine de cavalerie, à Limoges.
Aveyron.....	Mme Ecureux, née Guitton de la Valade, à Rodez.
Vendée.....	Verdon, employé de la préfecture, à Bourbon-Vendée.
Maine-et-Loire.	Brière-Castille, notaire, à Doué.
Indre-et-Loire.	Rouger, greffier, à Tours.
Haute-Loire...	Bonnet-Blanc, banquier, au Puy.
Loire-Infér...	Le chevalier de Francheteau, rue des Orphelins, à Nantes.
Lot........	David, négociant, à Cahors.
Orne.......	Bazire, à Laigle.
Ille et Vilaine..	Molliex, libraire-éditeur, à Rennes.
Vaucluse.....	Henri-Chabal, à Cavaillon.
Côte d'Or....	Voituret, libraire, à Dijon. Saunié, imprimeur, à Auxonne.

CET ALPHABET

CONTIENT

OUTRE DES PRINCIPES COMPLETS DE LECTURE :

1º Un choix de maximes et de conseils à l'enfance, tirés de l'Ecriture-Sainte, de Bossuet, de Fénélon, de Fléchier, de Pascal, etc., etc. ;

2º Des fragments moraux composés exprès par M. Tissot, membre de l'Académie française, professeur au Collége de France ;

3º Toutes les prières à l'usage des enfants, les commandements de Dieu, l'Evangile selon saint Jean ;

4º Des prières en vers pour tous les jours de la semaine, par Mme Amable Tastu, etc., etc., etc.

Impr. de D'Urtubie, Worms et Comp., rue St-Pierre-Montmartre, 17.

www.ingramcontent.com/pod-product-compliance
Lightning Source LLC
LaVergne TN
LVHW020040090426
835510LV00039B/1286